Paul T. Semms

Millionärs-Bibel

Wie werde ich Millionär? Wie werde ich reich?

10 einfache Regeln.

DIE MILLIONÄRS-BIBEL
Copyright © 2014

Alle Rechte liegen beim Autor.

Bilder

Coverbild:
businessman and drawing chart © *peshkova - Fotolia.com*

Weitere Bilder:
frau kein geld © *Peter Atkins - Fotolia.com*
Golden Growth© *mipan - Fotolia.com*
Time is money concept© *Sashkin - Fotolia.com*
glück © *frank peters - Fotolia.com*
Glücksbringer Kleeblatt © *Aamon - Fotolia.com*

Grafiken und Tabellen:
Paul T. Semms

ISBN-13: 978-1495262470
ISBN-10: 1495262472

Wie werde ich Millionär?

Für die meisten Menschen ist "Millionär sein" wie ein unerreichbarer Traum. Dieses Ziel zu erreichen ist jedoch einfacher als man denkt. In diesem Ratgeber findest du 10 Regeln, die dir auf deinem Weg zum Millionär behilflich sein können.

Lange ausführliche Ratgeber haben in aller Regel keine nachhaltige Wirkung. Man kauft sie, liest ein wenig und setzt die Ratschläge nie in die Tat um. Deshalb fokussiert sich dieser Ratgeber auf kurze einfache Regeln, die dem Leser Denkanstoß sein sollen. Überprüfe immer wieder wie du es schaffen kannst, diese Regeln einzuhalten und überlege dir, was du verbessern kannst.

Reich zu werden ist nicht einfach und es gibt keine Garantie. Man muss etwas dafür tun. Du brauchst einen Plan und musst ihn konsequent umsetzen.

Viel Erfolg!

1.

Sparen, Sparen, Sparen!

Wie wir alle wissen, sind die Chancen auf einen Lottogewinn äußerst gering. Deshalb musst du sparen, um deinen Traum vom Reichwerden zu verwirklichen.

Wer nicht früh genug spart hat keine wirkliche Chance auf Millionen. Deshalb maximiere ab heute deine monatliche Sparrate und verschiebe es nicht auf morgen. Denn je früher du etwas zur Seite legst, desto schneller kann dein Vermögen durch den Zinseszins Effekt wachsen (siehe Regel Nr. 6).

Analysiere deine monatlichen Einnahmen und Ausgaben genau und errechne den Betrag, den du dir jeden Monat zur Seite legen willst. Dieser Betrag sollte so hoch wie möglich sein.

Wie kannst du deinen monatlichen Sparbetrag erhöhen?

1) Einnahmen steigern (d.h. Karriere machen, höheres Gehalt erzielen, etwas nebenher dazuverdienen). Zwei Gehälter sind natürlich immer besser als ein Gehalt. Deshalb vernachlässige auf keinen Fall die Gehaltsentwicklung deines Partners, wenn du den oder die Richtige gefunden hast.

2) Ausgaben optimieren bzw. senken.

Konzentriere deine Ausgaben auf die Dinge, die dir wirklich etwas bedeuten.

Verschwende dein Geld nicht! Optimiere bspw. deine Versicherungs- oder Lebensmittelkosten. Eine eigene Wohnung oder ein eigenes Haus erspart dir später Mietkosten (allerdings nur, wenn die monatliche Belastung nicht viel höher als deine derzeitige Miete ist).

"Wer den Cent nicht ehrt, ist des Euro nicht wert.", heißt es so schön.

Selbst wenn es dir gelingt deine Sparrate nur um 200 EUR pro Monat zu erhöhen, summieren sich daraus bereits 2.400 EUR pro Jahr ...oder 24.000 EUR in 10 Jahren...und das sogar ohne Zinseszins-Effekt. Am besten du legst dir zum Sparen ein separates Konto an, auf das du am Anfang des Monats deine Sparrate überweist.

2.

Lebe nicht über deine finanziellen Verhältnisse.

Gib nur soviel aus, wie du hast. Investiere in Dinge, die dir etwas einbringen können.

Lebe nicht über deine Verhältnisse! Denke an deine Sparrate und wie du sie optimieren kannst. Kaufe dir beispielsweise kein Auto oder andere Gebrauchsgegenstände auf Kredit. Der gekaufte Gegenstand verliert mit der Zeit an Wert und du bezahlst über Monate oder Jahre noch dafür. Natürlich mit Zinsen ...am Ende bezahlst du dadurch viel zu viel!

Also: keine Kredite für Konsum, Auto oder ähnliches. Kredite sind nur zur Finanzierung einer Immobilie zur Eigennutzung oder einer Immobilie als Anlage geeignet. Denn das bringt dir am Ende Geld ein bzw. spart dir die Miete.

Schau dir deine Kontoauszüge der letzten Monate an und

berechne die monatlichen Einnahmen und Ausgaben. Vergiss nicht die jährlichen Kosten (Kosten, die nur einmal im Jahr anfallen) zu berücksichtigen und auf den Monat umzurechnen. Ein Beispiel:

Verfügbares Einkommen (netto) pro Monat

Frau	3.000
Mann	4.000
Summe (Netto pro Monat)	**7.000**

Ausgaben pro Monat:

Kredit Wohnung	800,00
Lebensversicherung 1	150,00
Lebensversicherung 2	120,00
Kirchenspende	50,00
Spende	28,00
Telefon/Internet	55,00
Strom, Gas, Wasser	150,00
Müll	8,00
GEZ + Kabel	30,00
Benzin	300,00
Kantine	200,00
Nahrungsmittel	500,00
Kleidung	300,00
Geschenke	50,00
Summe (Ausgaben pro Monat)	**2.741,00**
plus Jahreskosten auf Monat umgerechnet	214,17
TOTAL	**2.955,17**
Maximale Sparrate pro Monat	**4.044,83**

Ausgaben pro Jahr:

Mitgliedschaft Turnverein	75,00
Hausversicherungen	1.000,00
Risikolebensversicherung 1	80,00
Risikolebensversicherung 2	100,00
Unfallversicherung	55,00
Auto 1	133,00
Auto 1 Steuer	400,00
Auto 2 Steuer	300,00
Automobilclub	79,00
Kanalgebühr	48,00
Grundsteuer	300,00
Summe jährliche Kosten:	**2.570,00**
Jährliche Kosten auf Monat umgerechnet:	**214,17**

Die maximale Sparrate wäre in diesem Beispiel 4.044 EUR pro Monat. Diese Summe kann man noch optimieren.

© Peter Atkins - Fotolia.com

3.

Mach dir einen Plan.

Erstelle dir einen ehrgeizigen Finanzplan und schaue dir am Anfang jeden Monats an, wieviel du schon gespart hast bzw. wie groß dein derzeitiges Vermögen ist.

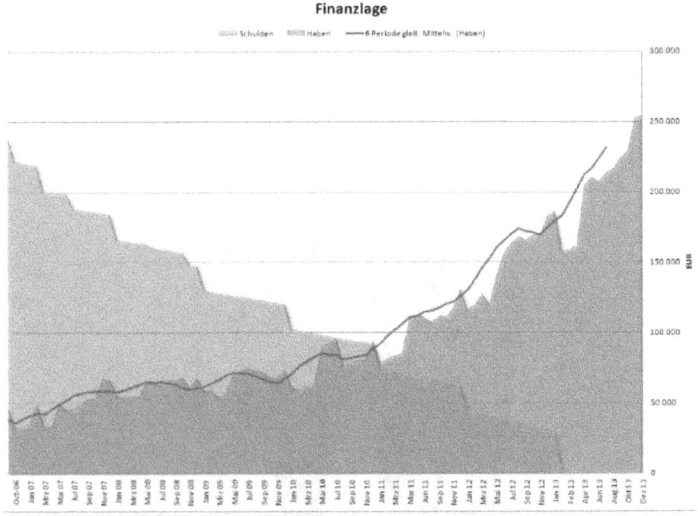

Ein Plan hilft dir dabei dein Ziel zu definieren und regelmäßig zu überprüfen, ob du noch im Plan liegst. Falls du weit darüber liegst, passe den Plan an und erhöhe deine Sparrate. Falls du hinter deinem Plan liegst, so überlege dir wie du deine Sparrate weiter erhöhen kannst. Wie kannst du deine Ausgaben kürzen? Wie kannst du deine Einnahmen steigern?

Es kann ungemein befriedigend sein, wenn man schwarz auf weiß sieht, was man schon erreicht hat.

© mipan - Fotolia.com

4.

Befreie dich von Neid.

Neid ist ein vollkommen lähmendes Gefühl, welches sich zu überwinden lohnt. Ist jemand erfolgreicher als du, dann frage dich selbst, wie er oder sie das Ziel erreicht hat und lerne etwas für dich daraus, anstatt dich selbst zu bemitleiden.

Wenn du etwas nicht erreichst, liegt das in den meisten Fällen an dir selbst. Versuche keinen Schuldigen dafür zu finden. Du musst selbst an dir arbeiten, um etwas zu ändern.

5.

Verdiene!
Maximiere dein Einkommen.

Wie kannst du dein Einkommen maximieren? Falls du selbständig bist, suche nach neuen Geschäftsfeldern. Überlege wie du noch bessere und gewinnbringendere Dienstleistungen oder Produkte anbieten kannst? Kannst Du mehr Kunden durch optimierte oder gezieltere Werbung gewinnen? Bist du überhaupt im richtigen Business? Was werden die nächsten Trends sein von denen du profitieren kannst?

Falls du Angestellter bist, so frage dich, wie du auf der Karriereleiter weiterklettern kannst. Macht das finanziell überhaupt Sinn oder solltest du lieber an weiteren Einnahmemöglichkeiten arbeiten? Warum nicht einfach neue Geschäftsideen ausprobieren, wie beispielsweise ein eigenes Business im Internet starten (siehe Regel 7).

6.

Lass dein Kapital arbeiten!

Dein Erspartes muss arbeiten, denn nur so kannst du vom Zinseszins Effekt profitieren.

Im folgenden findest du ein kurzes Beispiel des Zinseszins-Effektes. Jedes Jahr erhöht sich durch die Zinsen dein Vermögen, dass wiederum zusätzliche Zinsen einbringt ...immer wieder beeindruckend.

Durchschnittliche Zinsen:	2%	4%	6%	8%
Startkapital:	100.000	100.000	100.000	100.000
Jahr 1	102.000	104.000	106.000	108.000
Jahr 2	104.040	108.160	112.360	116.640
Jahr 3	106.121	112.486	119.102	125.971
Jahr 4	108.243	116.986	126.248	136.049
Jahr 5	110.408	121.665	133.823	146.933
Jahr 10	121.899	148.024	179.085	215.892
Jahr 20	148.595	219.112	320.714	466.096
Jahr 30	**181.136**	**324.340**	**574.349**	**1.006.266**

Bei einem Startkapital von 100.000 EUR und einer durchschnittlichen Verzinsung von 4% hast du nach 30

Jahren mehr als 324.000 EUR. Bei einer Verzinsung von 8% hast du über 1.000.000 EUR! Die 8% wirst du natürlich im Durchschnitt nicht erreichen, aber bedenke, dass du jeden Monat noch zusätzlich einen Betrag (deine Sparrate) hinzufügst.

Bei durchschnittlichen 4% Zinsen und einer monatlichen Sparrate von nur 1.000 EUR im Monat (und 100.000 EUR Grundkapital) hast du nach 30 Jahren knapp eine Million EUR gespart.

Spiele selbst ein wenig mit den Zahlen und passe sie an deine eigene Ausgangssituation an. Über die Jahre kannst du die Sparrate erhöhen... oder vielleicht von Anfang an mehr als 1.000 EUR pro Monat sparen.

Wichtig:
Beginne so früh wie möglich mit dem Sparen. Der Zinseszins Effekt kann dann schneller einsetzen.

Lege dein Geld immer mit Bedacht und Vernunft an! Setze nicht alles auf eine Karte, sondern denke an Risikodiversifikation. Investiere einen Teil in Aktien bzw. Fonds, einen Teil in Tages- oder Festgeld, ein Teil in Immobilien usw.

Grundsätzlich solltest du Geld nur in Anlagen investieren, von denen du etwas verstehst. Es macht keinen Sinn dein Geld in hochriskante Technikaktien anzulegen, wenn du selbst nicht verstehst, wie groß der Markt ist oder welche Zukunft diese Technologie hat. Falls dir aber einleuchtet, dass ein neues Produkt einer Firma einschlagen muss, dann kannst du ein gewisses Risiko eingehen. Beobachte die Wertentwicklung der Aktien immer sehr genau und realisiere lieber einen Verlust, wenn die Aktien unter eine Schwelle fallen (bspw. 20% niedriger als dein Einstandskurs) um einen Totalausfall zu verhindern.

© Sashkin - Fotolia.com

7.

Kalkuliertes Risiko.
Scheitern ist erlaubt.

Ab und zu kannst du auch ein Risiko eingehen. Setze aber immer nur einen kleinen Teil deines Ersparten für Risiko-Projekte ein, damit dich auch ein Scheitern nicht zu sehr in deiner Finanzplanung zurückwirft. Reserviere dafür einen gewissen Prozentsatz deines Vermögens (10-15%) für Risikoinvestitionen.

Falls du eine tolle Geschäftsidee hast, probiere sie einfach mal aus. Konzentriere dich zunächst auf Ideen, die nur wenig Startkapital erfordern; beispielsweise eine Internetseite oder Dienste, die gleich zu Beginn Geld einbringen. Bleibe hierbei realistisch und mache mach dir dabei nichts vor: wenn man genau hinschaut sind viele Geschäftsideen von Anfang an zum Scheitern verurteilt. Das Produkt, die Lage und der Preis müssen stimmen.

Scheitern ist erlaubt, denn aus gescheiterten Ideen oder Projekten kannst du lernen.

Die meisten Millionäre haben ihr Vermögen nicht mit ihrer allerersten Geschäftsidee gemacht. Manche sind sogar mehrfach gescheitert, haben aber nie aufgegeben. Probiere es einfach weiter. Wegen eines Fehlschlages braucht man sich nicht zu schämen.

© frank peters - Fotolia.com

8.

Positive Einstellung!

Glaube an deinen Erfolg. Nur wer von seiner Idee überzeugt ist, kann andere und sich selbst positiv beeinflussen. Eine optimistische Grundeinstellung erhöht zwangsläufig dein eigenes Engagement und steigert deine Kreativität. Außerdem hat es noch nie geschadet mit einem Lächeln durchs Leben zu gehen.

© Aamon - Fotolia.com

9.

Selbständig?

Die meisten Millionäre sind Unternehmer. Das bedeutet natürlich nicht, dass jeder der sich selbständig macht zwangsläufig reich wird. Dich mit einer guten Geschäftsidee selbständig zu machen erhöht allerdings deine Chancen auf Erfolg ungemein.

Falls du das Risiko der Selbständigkeit nicht eingehen willst, dann probiere es wenigstens nebenher mit kleineren Projekten oder Ideen, um eine eventuelle zukünftige Selbständigkeit zu testen (siehe Regel 7).

Optimal ist es natürlich, wenn du einen Partner hast, der sich in einem sicheren Angestelltenverhältnis befindet ist, denn dann bist du "abgesichert" und kannst leichter ein Risiko eingehen.

10.

Werde dir bewusst, was du vom Leben willst!

Ganz wichtig ist es selbst zu wissen, was man vom Leben will.

Frage dich, was dir wirklich wichtig ist?

Familie, Partnerschaft, Karriere, Freizeit, Freunde, Einfluss, Macht, Reichtum, ...?

Erst wenn du dir über deine eigenen Bedürfnisse und Lebensziele bewusst bist, kannst du an deinen Zielen arbeiten und dann ist das *"Millionär sein"* vielleicht gar nicht mehr so wichtig.

Nimm dir etwas Zeit und trage deshalb auf den nächsten zwei Seiten deine Ziele im Leben ein. Nutze diese Zeit um wirklich aktiv und ausführlich darüber nachzudenken was du willst. Viele Menschen sind leider oft von den Zielen anderer getrieben.

Was will ich wirklich vom Leben?

Wieviel Vermögen habe ich heute?

_____

Wieviel Vermögen will ich in...

...10 Jahren haben? _____

...20 Jahren haben? _____

...30 Jahren haben? _____

Welche Geschäftsideen habe ich?

_____

_____

_____

_____

_____

_____

_____

_____

_____

...und denke immer an die **10 Millionärs-Regeln**:

1. Sparen, Sparen, Sparen!

2. Lebe nicht über deine finanziellen Verhältnisse!

3. Mach dir einen Plan!

4. Befreie dich von Neid.

5. Verdiene! Maximiere dein Einkommen.

6. Lass dein Kapital arbeiten!

7. Kalkuliertes Risiko. Scheitern ist erlaubt!

8. Positive Einstellung!

9. Selbständig?

10. Werde dir bewusst, was Du vom Leben willst!

Viel Erfolg!

www.ingramcontent.com/pod-product-compliance
Lightning Source LLC
Chambersburg PA
CBHW070735180526
45167CB00004B/1772